Stefano Bavaro

Le ricadute psicopatologiche della relazione di Attaccamento

ISBN 978-0-244-37428-0

stefano.bavaro@libero.it

Non esiste occupazione più importante del superamento di antichi traumi, fissazioni e problemi, che riguardano l'atteggiamento verso il proprio corpo, il rapporto con i genitori, l'immagine di sé, e la prefigurazione delle mete future.

Bettelheim B., A good enough parent, Knopf, New York 1987, trad. it., Bottini A. (a cura di), Un genitore quasi perfetto, Feltrinelli, Milano 1987, p. 198.

Le ricadute psicopatologiche della relazione di Attaccamento

INTRODUZIONE

Il seguente lavoro di ricerca è stato sviluppato tenendo conto della cornice teorica e metodologica riguardante la relazione di attaccamento che si instaura e si sviluppa tra genitori e figli durante i periodi dell'infanzia e dell'adolescenza. In particolare, l'attenzione è rivolta sia a comprendere i processi sottostanti le riorganizzazioni rappresentazionali che in questi periodi di vita sembrano verificarsi, influenzando l'adattamento e le capacità relazionali degli adolescenti e la molteplicità delle indagini, problemi e valutazioni connesse alla tematica del rapporto di attaccamento figli-FdA. Tanto in ambito clinico quanto di ricerca, si avverte sempre di più la necessità di comprendere in che modo le conquiste cognitive e meta-rappresentative, nonché i cambiamenti fisici ed esperenziali tipici dell'adolescenza, vadano di pari passo, ed eventualmente interagiscano, con la rielaborazione di aspetti più dinamici, legati alle rappresentazioni interne, qui definite secondo le diverse proposte dei teorici dell'attaccamento e dei teorici delle relazioni oggettuali. I due costrutti di attaccamento e relazioni oggettuali vengono elaborati e sviluppati entro cornici teoriche differenti, presentando delle peculiarità, sia nel modo in cui vengono concettualizzate, sia nelle aree di influenza che ad esse vengono attribuite rispetto a un più generale funzionamento dell'individuo. Questo lavoro di ricerca ha avuto come scopo il cercare di trattare della prospettiva psicopatologica nell'attaccamento, attraverso le analisi e le valutazioni dei disturbi e ostacoli caratterizzanti i legami affettivi tra figli e genitori[1].

L'obiettivo perseguito si caratterizza dallo sviluppo dei seguenti punti:

1. Esporre delle riflessioni sul concetto di attaccamento, attraverso la psicoanalisi relazionale, la psicopatologia dell'adolescenza e l'uso di alcuni concetti teorici per la valutazione psicopatologica dell'adolescente;

2. Descrivere le molteplici problematiche scaturite dai legami affettivi, ovvero l'adozione, il lutto e la separazione;

3. Definire le divergenze riguardanti il rapporto attaccamento-adolescenza in alcuni paesi.

In particolare, nel terzo capitolo vengono esposte delle riflessioni sul rapporto tra attaccamento e psicopatologia, attraverso la psicanalisi relazionale, la psicopatologia dell'adolescenza e l'uso di alcuni concetti teorici per la valutazione psicopatologica

---

1 A tal proposito è possibile cfr. Lyons-Ruth K., *Il trauma latente nel dialogo relazionale dell'infanzia*, Borla, Roma 2012; Solomon J., George C., *L'attaccamento disorganizzato. Gli effetti dei traumi e delle separazioni*, Il Mulino, Bologna 2007.

dell'adolescente; inoltre, sono evidenziati i vari scogli, le varie problematiche connesse all'attaccamento, i vari disturbi relazionali derivanti dai macro-problemi scaturiti dall'adozione, dalla separazione o dal lutto.

Nel quarto capitolo vengono riassunte alcune osservazioni riguardanti le differenze caratterizzanti il rapporto di attaccamento nell'adolescenza in alcuni paesi, ad esempio, presso l'arcipelago di Samoa e gli Stati Uniti D'America.

Concludendo, gli obiettivi prefissati sono stati perseguiti e da essi è stato possibile prendere atto come gli studiosi, che hanno dedicato buona parte dei loro studi circa il concetto di attaccamento, si siano interessati sempre di più agli aspetti evolutivi del costrutto, individuando nell'adolescenza un periodo di vita in cui la valutazione dello stato della mente è particolarmente difficoltosa in quanto influenzata da aspetti maturativi nonché da nuove esperienze relazionali e contestuali[2].

---

2 Per approfondire cfr. Wallin D. J., *Psicoterapia e teoria dell'attaccamento*, Il Mulino, Bologna 2009.

CAPITOLO 1
PSICOLOGIA E PSICOPATOLOGIA DELL'ATTACCAMENTO

1.1 L'APPORTO DELLA PSICOLOGIA E DELLA PSICOANALISI NELLO STUDIO DELL'ATTACCAMENTO ADOLESCENZIALE

Il trasferimento degli studi connessi alle discipline psicologiche, dai paesi europei agli Stati Uniti, risulta un passaggio dall'attenzione alla dimensione intrapsichica, interpsichica, biologica e, prevalentemente, culturale. Kurt Lewin rispecchia in maniera emblematica questo passaggio. Lo psicologo americano di origine tedesca, si forma nell'ambiente gestaltista berlinese e si annovera tra i promotori della psicologia sociale. Al modello intrapsichico di matrice psicanalitica, lo studioso opporrà un'attenzione rivolta alla relazione soggetto-contesto di vita. Lewin definisce l'adolescenza come la fase di passaggio tra fanciullezza ed età adulta che si dipana entro alcuni anni. I mutamenti, dai quali è caratterizzata, non sono improvvisi e possono essere gestiti e risolti attraverso corretti comportamenti genitoriali; tuttavia, una cattiva gestione di questa fase può produrre problematiche di tipo intrapsichico. Lo studioso conia e inserisce nel dibattito psicologico il termine, oggi noto, di "dinamiche di gruppo", col quale intende, appunto, quell'insieme di relazioni che nell'ambito dello sviluppo di un individuo svolgono una funzione essenziale caratterizzata dai legami con le FdA che circondano il fanciullo e che fanno parte del suo ambiente psicologico. A differenza dell'approccio psicanalitico, Lewin ritiene doveroso sottolineare come le componenti biologiche, psicologiche e sociali siano interconnesse nello sviluppo dell'individuo. A tal proposito lo studioso elabora la "teoria del campo", secondo cui ogni soggetto costituisce o può costituire per un altro soggetto fonte di mutamento dell'ambiente psicologico e questo in relazione ad una serie di variabili come la compresenza spaziale o l'interazione di ulteriori persone. Tale teoria si schematizza mediante tali concetti: $C = f(P, A)$, e cioè il comportamento(C), è funzione (F) della persona e dell'ambiente (P, A). Lo "spazio psicologico" è caratterizzato da tutti quegli elementi che si trovano fra l'ambiente e la persona. Tali elementi possono costituire sia un valore positivo, dunque, favorire lo sviluppo e il raggiungimento degli scopi prefissati, oppure, al contrario, rappresentare un valore negativo in quanto ostacoli. L'ostacolo derivante da tale negatività, raffigura per l'adolescente un sentimento di frustrazione; ad ogni modo, maggiore è la mappa del proprio spazio psicologico, di conseguenza, più ragguardevole sarà la sua capacità di raggiungere gli obiettivi[3].

La maturazione dell'individuo procede, secondo Lewin, lungo tre linee evolutive interconnesse:

• In prima istanza c'è l'incremento della capacità osservativa dell'ambiente psicologico, che permette di trovare soluzioni inedite ed efficaci atte alla realizzazione degli scopi.

• In seconda battuta si delinea con precisione il discrimine fra reale e immaginario; si comprende

---

3 Cfr. Pallini S., *Psicologia dell'attaccamento. Processi interpersonali e valenze educative*, Franco Angeli, Milano 2008.

la bugia, la mistificazione e si accantonano le paure irrazionali e fantasmatiche.

• La terza linea evolutiva è importante poiché prevede il dilatarsi della dimensione temporale: ciò significa che istanze e bisogni vengono dilatati nel tempo, il futuro diventa la dimensione della realizzazione, si costruisce senza l'ansia della realizzazione immediata, e il passato diviene luogo per la rielaborazione dell'esperienza e la costruzione dell'identità.

Ciascun individuo rappresenta, dunque, un campo di forza, capace di ampliare o restringere lo spazio d'azione di un altro individuo. All'interno di questo spazio o campo, emergono una serie di relazioni dinamiche, che non giungono in nessun modo a stabilità, ma che possono assumere forme tipiche. Pertanto, uno dei motivi della conflittualità adolescenziale risiede nel fatto che nel "campo" del fanciullo gravitano diverse forze spesso in contrasto: l'adolescente sente di non appartenere più al gruppo dei bambini ma non è, tuttavia, integrato in quello degli adulti. Tale ambiguità di posizionamento comporta un'oscillazione costante tra l'adesione ai valori dell'uno e dell'altro gruppo. Il mondo degli adulti, d'altro canto, considera gli atteggiamenti infantili dell'adolescente come riprovevoli e non accetta la totale autonomia dell'individuo. Si tratta di un limbo difficile da gestire. Questa tensione si manifesta alternando stati di aggressività e tracotanza a momenti di incertezza e timidezza. L'approccio di Lewin definito anche *action research* (ricerca-azione), indicherebbe "ogni progetto razionale di azione nel sociale da parte di singoli e di organizzazioni, e che si traduce per chi partecipa a un intervento collettivo in un'integrazione di azione, formazione e ricerca[4]". Esso intende soffermarsi sulla gestione sociale delle principali problematiche legate all'adolescenza. La scienza, attraverso la ricerca, e il tessuto sociale devono essere attenti ai campi di forza dei vari ambienti sociali e carpirne le dinamiche. In tal caso, però, tali osservatori sociali devono formarsi una "percezione sociale attiva", poiché il presupposto delinea che tali osservatori non siano distaccati e avulsi dai contesti osservati, bensì pienamente coinvolti, contribuendone alla loro modificazione. Ecco perché il termine *research* non può essere scisso da quello di *action*. I ricercatori sono impegnati

---

4 Lewin, *Feldtheorie...op. cit.*, p. 78.

nel processo osservato, il loro problema non è di ordine meramente speculativo, ma strettamente legato alla prassi sociale e alla risoluzione dei problemi. La conflittualità dell'adolescente presenta un'intensità diversa in relazione alla cultura di appartenenza, cioè è proporzionale al tipo di cesura o, al contrario, di integrazione, che una determinata cultura stabilisce tra bambini e adolescenti. Secondo Lewin questa fase conflittuale si inasprisce in soggetti che per motivi culturali non risultano pienamente integrati e che vivono in condizioni di marginalità sociale: gli appartenenti a gruppi etnici minoritari, i fanciulli in un riformatorio che, ad esempio, si trovano in una posizione mediana, poiché non definita tra il mondo dell'illegalità e quello del tessuto sociale sano. La modalità di risoluzione del conflitto è la scelta netta da parte del fanciullo di un gruppo o campo di forze definito, anche se il gruppo sia quello criminale. In tali situazioni di marginalità il ricercatore incontra maggiori difficoltà nell'azione. Nell'ambito delle pratiche di comunità il modello di intervento di Lewin ha avuto come obiettivo lo sviluppo sociale attraverso la partecipazione attiva dei gruppi. Il modello ha come scopo quello della responsabilizzazione di soggetti abituati ad avere un atteggiamento di passività e delega rispetto alle questioni di interesse sociale. Il gruppo diviene, dunque, mezzo per il cambiamento sociale e per lo sviluppo individuale. A Lewin si deve l'invenzione nel 1946 del famoso T-Group (Sensitivity training group), tecnica che Rogers definì come la più potente strategia di intervento sociale sviluppata nel ventesimo secolo[5]. Letteralmente si tratta di un "gruppo di addestramento della sensibilità" ed è una sorta di laboratorio per la sensibilizzazione alle dinamiche di gruppo, sebbene sia stata definita e declinata in modi diversi. Nella sua forma tradizionale si presenta come un'esperienza caratterizzata da dieci unità di lavoro di novanta minuti ciascuna, che presentano un intervallo di trenta minuti fra l'una e l'altra. Il numero di coloro che vi prendono parte deve aggirarsi tra gli otto e i dieci elementi che devono essere estranei fra loro. Il lavoro è guidato da un trainer, talvolta affiancato da altri operatori o da un osservatore silente. I partecipanti devono essere totalmente immersi nel 'qui e ora' della situazione in atto, viverla e contemporaneamente

---

5 Per approfondire l'argomento cfr. Contessa G., *Attualità di Kurt Lewin*, Città Studi Edizioni, Torino 1998.

analizzare ciò che avviene nel gruppo. Il trainer fa da stimolo agevolando le interpretazioni, senza però in alcun modo interferire su ciò che il gruppo deve fare. Tre gli elementi di *setting*:

• La limitazione a due soli ruoli (partecipanti e operatori);

• La scansione temporale negoziata nella fase iniziale;

• Il luogo scelto per l'esperienza;

Gli *step* del T-Group sono fondamentalmente quattro: Agire, valutare, concettualizzare, applicare. Tali esperienze si sono dimostrate di grande utilità per l'incremento delle *skills* personali di osservazione, comunicazione e lavoro di gruppo. Il T-Group è stato considerato di grande rilievo nella formazione degli operatori sociali. Questi studi sono stati, successivamente, utilizzati nello sviluppo delle metodologie attive nella formazione; infatti, si è dimostrato che il confronto che avviene all'interno del gruppo comporterebbe delle modifiche più profonde e durevoli rispetto a ciò che si apprende in maniera tradizionale. In effetti all'interno delle dinamiche di gruppo, il singolo soggetto non focalizza l'attenzione unicamente sul contenuto astratto di qualcosa, ma tende a soffermarsi sul processo che sorge dall'interazione. Se c'è una dominante nel pensiero di Lewin, essa consiste nello sforzo costante di mantenere legate teoria e prassi. Abbiamo avuto modo di constatare l'attenzione che la psicanalisi ha rivolto all'adolescenza sottolineandone gli aspetti biologici e conflittuali: tali teorie sono anche strumentali al controllo sociale per razionalizzare e contenere le spinte eversive di questo periodo dell'esistenza e la subordinazione dei giovani alle autorità costituite. L'accento sul biologico definisce, dunque, l'adolescenza come fase universale della maturazione. I casi clinici al vaglio degli psicanalisti erano, tuttavia, provenienti unicamente dalla classe medio borghese occidentale, le cui caratteristiche venivano estese all'umano. L'attenzione è rivolta soprattutto al maschile. L'ossimoro sul quale tali teorie si costruiscono, sta proprio nella valutazione astorica e universalizzante, di una categoria (quella dell'adolescente), che altro non è che un prodotto storico culturale e non un'essenza. Come è stato detto all'inizio di questo lavoro, l'interesse verso l'adolescenza iniziò a partire solamente dal XIX secolo: questi studi primordiali furono influenzati da un certo tipo di scritti come *L'Emile* di Rousseau o *I dolori del giovane Werther* di Goethe.

Spostandosi in Unione sovietica, già a partire dagli anni '20 e in seguito alla rivoluzione bolscevica e alle sconvolgenti trasformazioni ti tipo sociale e culturale cui ha condotto, nasce un tipo di psicologia che trasla al proprio interno lo schema del marxismo e del materialismo storico. Questo modello si fonda naturalmente sul presupposto secondo cui l'eredità biologica non determina lo sviluppo psichico; essa è solo una base a cui devono aggiungersi come fondamentali i fattori storico-culturali. Vygotskij rappresenta il capostipite della scuola storico-culturale, sebbene il suo genio non possa ridursi agli angusti schemi della dialettica marxista. Ad ogni modo anche questi importanti ricerche non trovarono grande eco in Europa, se si esclude qualche tentativo isolato: in Francia Georges Politzer, studioso d'origine rumena, emigrato in Francia nel 1921, ebbe modo di conoscere Freud e nel 1928 scrisse *Critique des fondements de la psychologie*[6], che costituisce il primo abbozzo di una teoria materialista di psicologia sociale che

---

6 Cfr. Politzer G., *Critique des fondements de la psychologie*, Presses Universitaires de France, Paris 2003.

influenzò anche Vygotskij. Per la sua attività politica e la partecipazione alla Resistenza fu arrestato nel 1942 e giustiziato. Nell'ambito dei suoi scritti, Politzer si serve del materialismo dialettico come modello concettuale per spiegare lo sviluppo dell'uomo 'in carne ed ossa', dell'uomo concreto. Ad ogni modo le sue teorie non ebbero grande seguito nell'Europa del tempo. In effetti, anche la scuola storico-culturale di Vygotskij non si dedicò in maniera specifica e approfondita ai temi dell'adolescenza, sebbene il suo modo di intendere le fasi dello sviluppo umano permettevano di considerare in maniera diversa il mondo dei giovani, improntando un nuovo approccio nei loro confronti. Secondo il fondatore della scuola storico-culturale lo sviluppo dell'individuo avviene attraverso la graduale appropriazione da parte del giovane dell'esterno, inteso come tutto ciò che pertiene al mondo storico e culturale all'interno del quale ogni individuo è inserito. Queste acquisizioni sono ovviamente mediate dall'adulto, vero e proprio tramite tra l'indifferenziato e il mondo stesso. Dunque lo sviluppo intrapsichico ha una base interpsichica[7].

---

7 Vygotskij L. S., Cole M., Scribner S., John-Steiner V., Souberman E., *Mind in society. The development of Higher Psychological Processes*, Harvard

La scuola storico-culturale, dunque, non ignora che lo sviluppo psichico abbia delle radici biologiche che affondano nell'evoluzione, ciò che vuole sottolineare è, tuttavia, che la complessità raggiunta nello sviluppo psichico umano sia frutto di variabili storiche e culturali. L'influenza del pensiero marxista-leninista risiede, soprattutto, nella tenace volontà di non perdere il legame teoria-prassi: le scienze e la psicologia devono tutte contribuire alla fondazione dell'uomo nuovo e ad una trasformazione della società e dei suoi iniqui rapporti di potere. Ecco perché all'elaborazione teorica deve seguire una verifica di tipo sociale, che significa tarare i modelli epistemologici nell'ambito di situazioni concrete della prassi sociale: la scuola, il lavoro, il tempo libero. Gli esponenti della scuola storico-culturale hanno spesso criticato la psicologia accademica in quanto strumento di controllo e di sfruttamento da parte della classe dominante. I suoi esponenti, come Politzer, impegnati nella lotta politica, sono stati fortemente criticati, spesso ignorati, da parte del mondo accademico; le stesse analisi di Vygotskij nel 1936, dopo la sua morte, furono

University Press, Harvard 1978, trad. it., Ranchetti C. (a cura di), *Il processo cognitivo*, Bollati Boringhieri, Torino 1980, pp 87-90.

censurate dal Comitato centrale del Partito perché considerate reazionarie, in quanto sebbene vagliassero il contesto socio-culturale erano, per i sostenitori del regime, troppo incentrate sul retaggio borghese della coscienza individuale. La censura durò fino al 1950. Il grande contributo della scuola storico-culturale è da rinvenirsi non solo nella storicizzazione della categoria di adolescenza, ma anche nella comprensione del concetto di esterno come forgiante della parte interna.

Allievo di Lurija e di Vygotskij a partire dagli anni '20, Aleksej N. Leontjev, sottolineò come il salto dal mondo animale a quello umano va inteso come salto dalle mere leggi dell'evoluzione biologica (che regolano lo sviluppo psichico degli animali), alle leggi dello sviluppo storico sociale: sono tali leggi a sottintendere allo sviluppo della psiche umana. Secondo Leontjev il bagaglio culturale acquisito dall'umanità assieme ai prodotti del lavoro, rappresentano una sorta di "psichismo oggettivato" ereditato da una generazione all'altra[8]. Dunque, noi nasciamo e non siamo ancora nulla: l'umanità costituisce

---

8 Mininni G., *Fondamenti della significazione*, Dedalo, Bari 1977, pp. 65-70.

un'acquisizione che può maturare solo nella relazione sociale. Riprendendo Vygotskij, Leontjev sostiene che il linguaggio è lo strumento, si potrebbe dire l'utensile fondamentale per l'appropriazione del mondo da parte del bambino. Il linguaggio non è un astorico rispecchiamento delle cose intese come essenze, bensì è il risultato della sedimentazione storico culturale di ogni oggetto. Per lo studioso tutte le fasi dello sviluppo psichico sono costituite da un'attività dominante: quella dell'adolescenza è il lavoro. Malgrado questi tentativi, in Unione Sovietica non fu elaborata una teoria sistematica sull'adolescenza. In Europa alcuni studiosi tentarono una sorta di commistione tra psicanalisi e marxismo; fra questi Wilhelm Reich, allievo di Freud, iscrittosi nel 1927 al partito comunista austriaco, tentò di coniugare teoria delle pulsioni e attenzione al contesto. Del 1929 è il testo *Materialismo dialettico e psicanalisi*. Nell'ambito della sua attività clinica ebbe modo di analizzare molti pazienti, elaborando, in seguito, la teoria della materia sessuale di massa, secondo cui la carenza di una vita sessuale soddisfacente rappresentava fonte di nevrosi e di angosce già a partire dalla fase adolescenziale e ciò in relazione ai tabù sociali che impedivano una corretta informazione su queste tematiche[9]. Lo stesso Super-io rappresentava, per Reich, quel contesto di norme ereditato dal fanciullo a partire dalla famiglia, che a sua volta lo aveva appreso nell'ambito del particolare contesto socio-culturale di appartenenza. Secondo lo studioso il limite della società borghese stava proprio nella repressione della pulsione sessuale. E in effetti proprio durante l'adolescenza si costituisce il carattere, attraverso la costituzione di quella che Reich definisce "corazza", sorta di armatura all'interno della quale viene imprigionata l'energia sessuale. Tale energia non ben canalizzata provoca l'insorgere di nevrosi e malattie psicosomatiche. Le vittime maggiori della politica repressiva erano le classi disagiate e meno colte che non avevano maturato gli strumenti per elaborare un'autonomia di pensiero ed azione rispetto a certi tabù. Reich lavorava anche nei Centri popolari di igiene sessuale, istituiti proprio per permettere al proletariato di servirsi di terapie di solito destinate alla borghesia opulenta. La sua proposta attiva si fondava su una strategia di educazione psicologica che promuovesse una

---

9 D'Abbiero M., *Per una teoria del soggetto*, Guida Editori, Napoli 1984, pp. 200-205.

sessualità da vivere liberamente, lontana da ogni forma repressiva e addomesticante da parte della società.

Sul versante psicoanalitico, la teoria dell'attaccamento ha fornito un importante contributo alla teoria dello sviluppo infantile, spostando l'enfasi dal modello pulsionale del funzionamento psichico infantile al modello relazionale. Mentre nei primi anni di vita sono riconoscibili disturbi specifici dell'attaccamento, nelle fasi successive dello sviluppo il quadro diventa più complesso e i disturbi dell'attaccamento si intrecciano con quelli riguardanti la sfera del comportamento sociale. Dopo i primi anni di vita vengano attivati altri sistemi motivazionali che si integrano col sistema dell'attaccamento. Nel periodo adolescenziale, infatti, il sistema dell'attaccamento va incontro a profonde modificazioni ed interagisce con gli altri sistemi, in particolare, con quello sessuale. Per Freud la pubertà è una fase nella quale si verificano i cambiamenti che danno forma definitiva alla vita sessuale infantile. L'adolescenza è, pertanto, descritta come un periodo tumultuoso che mette in discussione l'equilibrio raggiunto in passato fra l'Es e l'Io.

Negli sviluppi psicoanalitici kleiniani e post-kleiniani, accanto alle dinamiche pulsionali, viene enfatizzata la lotta che oppone l'adolescente agli adulti per accedere alla conoscenza che il ragazzo vuole conquistare ma che gli adulti, secondo il punto di vista dell'adolescente, non vogliono in nessun modo concedere proprio perché questi ultimi basano il loro potere sul possesso della conoscenza. Meno conflittuale è il quadro dell'adolescenza proposto da Erikson secondo cui è importante studiare la crisi di identità durante l'adolescenza nella prospettiva del senso di continuità personale. Dello stesso avviso è Winnicott, il quale, piuttosto, focalizza le risposte dell'ambiente alle dinamiche psicologiche dell'adolescente, che sarebbero contrassegnate da aspetti diversi come l'isolamento e la crisi depressiva legata al distacco dagli oggetti primari[10]. Il modello psicoanalitico dell'adolescenza, al di là delle diverse sottolineature e degli ampliamenti concettuali, propone un percorso fortemente conflittuale nei confronti delle figure genitoriali, da cui l'adolescente cerca di prendere le distanze. Se ora prendiamo in considerazione il contributo

---

10 Montinari G., *Rifornimento in volo. Il lavoro psicologico con gli adolescenti*, Franco Angeli, Milano 2006, pp. 27-30.

della teoria dell'attaccamento, dopo gli anni '80 la sua indagine si rivolge anche ad altre fasi del ciclo vitale. Una volta che i legami di attaccamento si sono stabilizzati, durante l'infanzia e la fanciullezza, tendono a permanere negli anni successivi specialmente se l'ambiente educativo rimane stabile. Particolare attenzione ha destato il ruolo materno nei primari legami di attaccamento e la sua ripercussione nei legami successivi e sul benessere psicologico. Una modificazione importante può verificarsi con l'emergere della pubertà, attivata dai cambiamenti ormonali, che dà l'avvio alla maturità fisica e sessuale, un gradino centrale per raggiungere l'età adulta. Dal punto di vista evolutivo e dell'attaccamento si verificano in varie aree cambiamenti importanti che in parte si sovrappongono durante la prima adolescenza: trasformazioni fisiche e sessuali puberali che profondamente influenzano la percezione di sé e degli altri; cambiamenti affettivi dovuti al distacco progressivo dalle figure di attaccamento; cambiamenti cognitivi con l'acquisizione di un funzionamento più maturo, come la capacità di riflettere sui propri processi cognitivi; partecipazione al gruppo dei coetanei, che ha un ruolo decisivo nella prima fase dell'adolescenza.

Nel mettere a confronto le teorie psicoanalitiche dell'adolescenza e il contributo dell'attaccamento risulta evidente che nel primo caso il modello proposto è fondamentalmente conflittuale, per cui l'acquisizione di un'identità più matura comporta inevitabilmente periodi critici, contrasti ed opposizioni, in particolare, nei confronti dei genitori. Diversa è l'impostazione della teoria dell'attaccamento che sottolinea il cambiamento che si verifica non in opposizione ai genitori, quanto piuttosto come evoluzione dei legami pre-esistenti che diventano più complessi.

Un tentativo di elaborare una teoria sistematica sull'adolescenza è fornito da David Ausubel, i cui studi hanno cercato di focalizzare l'attenzione sull'evoluzione dell'Io inteso come fulcro della personalità. Ausubel tentò di comprendere le dinamiche che conducono a uno sviluppo normale o deviato della personalità, provando a conciliare teoria psicanalitica e ricerca empirica, quest'ultima abbastanza trascurata dall'approccio psicanalitico. L'autore cercò di mettere in evidenza la multifattorialità dello sviluppo che prevederebbe diverse fasi: quella di "onnipotenza" (dai sei mesi di vita ai due anni e mezzo circa), che si manifesta con lo sviluppo di un sé funzionale, a cui succede una prima crisi di crescita che può essere gestita e affrontata dal bambino attraverso modalità differenti, la più diffusa delle quali è quella di satellizzarsi attorno alle figure parentali per cercare in esse legittimazione e autostima. Tuttavia, il processo di satellizzazione non sempre riesce, poiché non tutti possono contare su figure parentali che accolgano questo tipo di richiesta, è proprio per questo che lo sviluppo può prendere derive diverse, originando, in alcuni casi, futuri disturbi della personalità. A tal proposito il Nostro affermò:

«In terms of the needs arising out of the child's dependent biosocial status, satellization is the most felicitous of all possible solutions to the crisis of ego devaluation. However, beginning in late childhood and extending throughout adolescence, a second major shift in bio-social status precipitates a new crisis in ego development – the desatellization crisis –which demands a reorganization of comparable scope and significance[11]».

L'adolescenza rappresenta per Ausubel il momento in cui il bambino satellizzato deve affrancarsi dal legame coi punti di riferimento

---

11 Ausubel D. P., *Ego. Development and Psychopathology*, Transaction Publishers, New Brunswick 1996, p. 53.

genitoriali: questa dinamica, compito centrale dell'adolescenza, è detta, appunto, desatellizzazione e comporta il raggiungimento dell'autonomia da parte del giovane che si costituisce una personalità non più a partire dall'altro ma in relazione a se stesso.

Egli sostiene che:

«*Before ego development can be complete, one more important maturational step is necessary: emancipation from the home and preparation to assume the role of a volitionally independent adult in society. But before adult personality status can be attained, ego functioning must achieve a new balance between the dichotomous needs for independence and dependence*[12]».

Esistono, secondo Ausubel, diversi meccanismi di desatellizzazione: il primo può essere chiamato "risatellizzazione" e consiste nel graduale spostamento della satellizzazione dai genitori ai coetanei; la risatellizzazione si fonda sullo stesso tipo di dipendenza emozionale dell'adolescente verso chi considera il più forte nel gruppo dei pari. L'identificazione semplicemente passa dalle figure parentali

---

12 Ausubel D. P., *Ego Development and the Personality Disorders: A Developmental Approach to Psychopathology*, Grune & Stratton, Orlando 1952, p. 109.

all'insegnante, a giovani leader o ad altri surrogati. Tale processo di cambiamento è innescato da una serie di variabili di tipo individuale e ambientale, che sono già in atto nella fase che precede l'adolescenza: l'accesso a luoghi diversi dal ristretto ambito familiare, come la scuola e il gruppo dei pari che aumentano il grado di responsabilità e di presa in carico delle situazioni da parte del fanciullo, lo sviluppo cognitivo e l'ampliamento delle risorse intellettuali. Uno degli ostacoli al raggiungimento dell'autonomia è costituito dalla famiglia e dalla società che tendono ad eludere questa esigenza, attraverso un'educazione che iper-tutela i ragazzi e ne sottovaluta le capacità di discernimento evitandogli di sbagliare autonomamente[13].

Una delle conseguenze dell'esclusione dei giovani dalle responsabilità del mondo adulto, consiste nel loro rinchiudersi all'interno del contesto dei coetanei inteso come unico luogo in cui trovare quell'autonomia che la famiglia e la società non riescono a fornire. Tali rapporti risultano, comunque, positivi poiché contribuiscono a rafforzare l'immagine che l'adolescente ha di sé, che non risulta più legata

---

13 *Ibidem*, 112-129.

esclusivamente al ruolo che le figure parentali stabiliscono per l'adolescente. La scuola svolge un ruolo analogo sostituendosi all'onnipresenza e onnipotenza della famiglia. L' atteggiamento iperprotettivo della famiglia è alla base delle conflittualità tipiche di questa fase dell'età, e conduce i giovani alla ricerca di uno status che trova forma spesso nella devianza. Paradossalmente i bambini non satellizzati possono riscontrare talvolta meno problemi rispetto agli altri; questo perché l'autonomia che l'adolescente deve perseguire in questa fase, è già stata acquisita nel periodo precedente, data la mancanza del sostegno parentale. È importante sottolineare che il modello di sviluppo di Ausubel si riferisce alla cultura industriale di stampo capitalistico. Lo psichiatra effettuò alcuni studi presso i Maori della nuova Zelanda, dai quali emerse che i bambini di quel tipo di civiltà non si satellizzavano attorno ai genitori, bensì al gruppo dei pari. Di conseguenza, in quel contesto la fase dell'adolescenza non è caratterizzata dal processo di desatellizzazione, ma, al contrario, da una sorta di riavvicinamento alle figure adulte. L'autonomia, pertanto, rappresenta molto meno un valore rispetto all'Occidente proprio perché non costituisce una meta difficile da conquistare, bensì un fenomeno naturale[14]. Sebbene Ausubel abbia riscontrato delle differenze di matrice culturale nell'ambito dello sviluppo dell'Io, egli sostiene, tuttavia, l'esistenza di alcuni obiettivi generali nella maturazione del sé, riscontrabili in diverse culture. Gli obiettivi da conseguire per una corretta maturazione dell'Io sono: l'attenuazione delle motivazioni edonistiche; un'accresciuta indipendenza esecutiva e una maggiore tolleranza alla frustrazione; lo sviluppo di una maggiore responsabilità morale; aspirazioni più realistiche e un maggiore senso autocritico. L'adolescente appare impegnato nella comprensione di se stesso e del proprio sentire. La stesura di un diario è tipica di questa fase, soprattutto nel mondo femminile, così come i sogni a occhi aperti. Studi approntati con l'utilizzo del *Rorschach* hanno dimostrato in effetti che gli adolescenti sono più introspettivi e fantasiosi, tesi maggiormente all'esplorazione della propria soggettività rispetto a gruppi più giovani o più avanti con l'età. In contrasto con la fase precedenza, caratterizzata da una forte

---

14 Cfr. Ausubel D., *The Fern and the Tiki An American View of New Zealand National Character, Social Attitudes and Race Relations*, Angus & Robertson, Sydney 1960.

insicurezza e da una sorta di svalutazione dell'Io, l'adolescenza si presenta come momento di rivalutazione dell'Io: l'affrancamento dalla famiglia, l'acquisizione di un ruolo nel gruppo dei pari, la maturazione corporea verso una forma adulta, contribuiscono a questa rivalutazione. Ad ogni modo la desatellizzazione è un momento di forte stress per l'adolescente, come già visto, affrontato in modi diversi a seconda dei contesti e della specifica personalità del fanciullo. Nel far fronte a questo compito si è spesso preda di sentimenti ambivalenti sia rispetto a se stessi che rispetto ai genitori; gli adolescenti remissivi e fortemente dipendenti tendono a non imporsi e a non estrinsecare la propria volontà di autonomia; quelli più indipendenti e aggressivi vivono spesso come colpa il tentativo di affrancarsi dalle figure parentali. Di grande rilievo furono gli studi di Ausubel sulle modalità di apprendimento e sui contesti scolastici, fondamentali per lo sviluppo cognitivo. L'autore teorizza "l'apprendimento significativo", inteso come processo in cui nuove informazioni si collegano a nozioni precedenti nella struttura cognitiva del soggetto. Tale processo è innescato da colui che apprende e può essere favorito e incoraggiato dall'insegnante.

1.2 LA PSICOPATOLOGIA NEL PERIODO ADOLESCENZIALE

Il tipo di attaccamento vissuto in età infantile può contribuire a spiegare molte forme di psicopatologia. "Bowlby paragona il ruolo della teoria dell'attaccamento in psichiatria con quello dell'immunologia in medicina. Il paragone è esatto, non solo perché ambedue si occupano dell'integrità e della sicurezza dell'individuo, ma anche perché l'immunologia, oltre a occuparsi di disturbi specifici del sistema immunologico, ha contribuito alla comprensione di una grande quantità di patologie mediche. In modo simile, la teoria dell'attaccamento ha i suoi "propri" disturbi ai quali è applicabile in modo specifico (l'elaborazione del lutto anormale, la depressione nevrotica, l'agorafobia), ma può anche informare molti altri aspetti della psichiatria sociale[15]".

15 Holmes, *John Bowlby…op. cit.,* p. 136.

Secondo la teoria dell'attaccamento, le interazioni con figure inaffidabili o insensibili, predispongono la persona a crolli psichici nei momenti di crisi. "L'attaccamento insicuro si presenta come un fattore di rischio ed è associato a caratteristiche quali maggior grado di depressione, ansia, ostilità e malattia psicosomatica e minore resilienza dell'Io[16]". L'attaccamento insicuro è comune nelle persone con una grande varietà di disturbi mentali, che vanno dal disagio lieve a gravi disturbi di personalità, fino alla schizofrenia[17]. L'attaccamento ansioso è associato a disturbi di dipendenza, personalità borderline, disturbi come confusione di identità, ansia, labilità emotiva, distorsioni cognitive, sottomissione, autolesionismo, narcisismo e sospettosità. Invece l'attaccamento evitante è associato a disturbi schizoidi ed evitanti, problemi di personalità e problemi di intimità e di ritiro sociale. Ovviamente gli attaccamenti insicuri non sono l'unica causa dei disturbi mentali; vi concorrono altri fattori che possono contribuire o amplificare gli effetti psicopatologici delle

16 *Ibidem*, p. 138.

17 Crittenden P. M., *Il modello dinamico-maturativo dell'attaccamento*, Raffaello Cortina, Milano 2008, pp. 20-21.

esperienze negative di attaccamento. Alcuni fattori risultano molto importanti come, ad esempio, l'associazione tra l'attaccamento insicuro e la depressione è più alta tra gli adulti con una storia infantile di abuso fisico, psicologico o sessuale. Anche "la perdita prematura della madre, specialmente se si accompagna con la disgregazione della famiglia e con la mancanza di cure, rende una persona più vulnerabile alla depressione allorché si deve confrontare con momenti difficili nella vita adulta[18]". Eventi di vita stressanti, povertà, problemi di salute fisica e relazioni sentimentali travagliate durante l'adolescenza rafforzano l'associazione tra attaccamento insicuro e la psicopatologia. Allo stesso modo i problemi psicologici possono aggravare l'insicurezza dell'attaccamento.

In conclusione, gli attaccamenti insicuri possono essere causa di molti tipi di psicopatologia; tuttavia, particolari forme di disturbi mentali possono essere alla base di un attaccamento insicuro. Se le insicurezze di attaccamento sono

18 Klein J., *Our need for others and its roots in infancy*, Routledge, London 1987, trad. it., Chiari C. (a cura di), *Il nostro bisogno degli altri*, Armando, Roma 1998, p. 322.

fattori di rischio per la psicopatologia, allora, la creazione, il mantenimento o il ripristino di un senso di sicurezza dell'attaccamento dovrebbero migliorare la salute mentale.

Secondo la teoria dell'attaccamento, le interazioni con disponibili figure di attaccamento conferiscono un senso di sicurezza, attivano emozioni positive (ad esempio, sollievo, soddisfazione, gratitudine, amore) e forniscono le risorse psicologiche per affrontare i problemi e le avversità. Invece, la mancanza di sensibilità e responsività dei genitori sono alla base dei disturbi del sé, caratterizzata dalla mancanza di coesione del Sé, dubbi sulla propria coerenza interna e sulla continuità nel tempo, autostima instabile ed eccessiva dipendenza dall'approvazione di altre persone[19]. Le persone insicure rischiano di essere eccessivamente autocritiche, afflitte da dubbiosità, o soggette ad usare difese, quali il perfezionismo distruttivo, per contrastare sentimenti di inutilità e disperazione[20]. Queste credenze disfunzionali su

19 Favretto, Bernardini, *Mi presti la tua famiglia?...op. cit.,*. pp. 232-233.

20 Wardetzki B., *Souveràn und Selbstbewusst der gelassene Umgang mit Selbstzweifeln*, Munchen, Kosel 2014, trad. it., Bove I. (a cura di), *Pronto soccorso per insicuri cronici. Superare le paure inutili. Trovare il coraggio di agire*, Feltrinelli, Milano 2016, pp. 10-11.

se stesse aumentano il rischio delle persone insicure di sviluppare disturbi mentali. La ricerca sull'attaccamento ha anche dimostrato che gli attaccamenti insicuri sono associati con il narcisismo patologico. Mentre l'attaccamento evitante è associato con il narcisismo palese o grandiosità, che comprende sia auto-elogio che la negazione delle debolezze, l'attaccamento ansioso è associato con il narcisismo celato, caratterizzato da attenzione focalizzata su di sé ed ipersensibilità alle valutazioni di altre persone.

Le interazioni con disponibili figure di attaccamento e il conseguente senso di sicurezza fornisce strategie di regolazione delle emozioni[21]; ad esempio, le interazioni con altri, emotivamente accessibili e responsivi, forniscono un contesto in cui un bambino può imparare che è utile e socialmente accettabile, esprimere, esplorare e cercare di comprendere i propri sentimenti. A differenza di persone relativamente sicure, gli individui evitanti spesso preferiscono isolare le emozioni dai loro pensieri ed azioni. Di conseguenza, tendono a presentare una facciata di sicurezza e di compostezza, ma

21 Busciolano S., Degiorgis L., Galli. D., *Garavini G.M.*, *Paternità e padri. Tra regole e affetti*, Franco Angeli, Milano 2013, pp. 129-130.

lasciano soppresso il disagio irrisolto, riducendo così la loro capacità di affrontare le avversità della vita. L'attaccamento ansioso è anche associato con scoppi di rabbia impulsivi e socialmente distruttivi, comportamenti esigenti verso i partner di relazione, incluso, a volte, la violenza.

Secondo la teoria dell'attaccamento, il ricorrente fallimento di ottenere il sostegno da figure di attaccamento interferiscono con l'acquisizione di competenze sociali e creano seri problemi nelle relazioni interpersonali. Le persone evitanti generalmente hanno avuto problemi con l'accudimento (per freddezza, introversione, o competitività), e le persone preoccupate hanno avuto problemi con l'emotività (ad esempio, essendo eccessivamente espressive)[22]. Questi problemi sembrano essere alla base di quanto riferiscono gli individui insicuri su di se stessi: solitudine, isolamento sociale, relazioni poco soddisfacenti, rotture relazionali più frequenti e più frequenti conflitti e violenza.

Le relazioni d'attaccamento incidono sullo sviluppo della personalità dell'individuo; esiste,

---

22 Crocetti G., *Il girasole e l'ombra. Intimità e solitudine del bambino nella cultura del clamore*, Pendragon, Bologna 2004, pp.104-105.

dunque, una corrispondenza tra attaccamento insicuro, stile di pensiero e disturbi di personalità[23] . In particolare, un attaccamento insicuro ambivalente è caratterizzato da uno stile di pensiero di evitamento, cioè, questi individui tendono a restringere le possibilità di esplorazione di nuove situazioni per evitare d'essere contraddetti in ciò che fanno o dicono, per evitare invalidazioni. Questo tipo di attaccamento e stile di pensiero sono tipici del disturbo di personalità dipendente, in cui la strategia di evitamento è utilizzata per evitare il contrasto con gli altri; del disturbo ossessivo-compulsivo, dove il confronto con gli altri è evitato per via dell'eccessivo perfezionismo; e del disturbo evitante in cui si evita l'altro per timore d'essere giudicati. L'attaccamento insicuro-evitante può determinare uno stile di pensiero detto d'immunizzazione, in cui l'individuo crea delle ipotesi *ad hoc* per evitare d'essere invalidato.

Ciò è tipico dei disturbi di personalità: paranoide, in cui l'idea che il mondo sia cattivo non può essere contraddetta neanche da prove concrete; schizoide, in cui domina la totale indifferenza

23 Lazzari D., *Mente e salute, evidenze, ricerche e modelli per l'integrazione*, Franco Angeli, Milano 2007, pp. 102-104.

verso gli altri e loro idee[24]; "la psichiatria sociale ha stabilito con fermezza l'importanza dell'ambiente nel determinare il corso della malattia schizofrenica. I pazienti che vivono in famiglie [caratterizzate da] livelli alti di ostilità e di sovra coinvolgimento, hanno molte più probabilità di ricadute di coloro che vivono relazioni più calme, meno ostili e meno eccessivamente coinvolgenti[25]"; schizotipico, in cui all'indifferenza per le relazioni sociali si aggiunge la bizzarria dei pensieri[26].

L'attaccamento disorganizzato può, invece, sviluppare uno stile cognitivo ostile, proprio d'individui che screditano la fonte da cui provengono le invalidazioni e ribadiscono con forza la propria versione dei fatti.

Questo è presente nel disturbo di personalità: antisociale, caratterizzato dalla manipolazione degli altri e dalla mancanza di rimorso; *borderlinein*, cui il senso d'identità è fragile ed è presente una reale dipendenza dagli altri, fino al

---

24 Fabbroni B., *Tra le braccia di Narciso*, Edizioni Universitarie Romane, Roma 2007, pp. 112-113.

25 Jervis G., *Il buon rieducatore. Scritti sugli usi della psichiatria e della psicanalisi*, Feltrinelli, Milano 1977, pp. 91-92.

26 Borgna E., *Come se finisse il mondo. Il senso dell'esperienza schizofrenica*, Feltrinelli, Milano 1995, pp. 75-76.

punto che quando l'altro si nega, si trasforma in un nemico da annientare; "questi pazienti sono stati soggetti ad alti livelli di traumi e trascuratezza emotiva durante l'infanzia[27]".

Ovviamente uno stile d'attaccamento insicuro non necessariamente porta a sviluppare un disturbo di personalità, ma è sicuramente un fattore di vulnerabilità rispetto a chi ha sviluppato un attaccamento sicuro. È possibile anche nel corso della vita fare esperienze positive, incontrare persone che possono favorire un cambiamento del proprio stile di pensiero.

1.3 GLI SCOGLI DELL'ATTACCAMENTO: Adozione, lutto, separazione.

Nella seconda metà del novecento, molteplici indagini si susseguirono riguardo alle reazioni del bambino di fronte ad una separazione o lutto

---

27 Campione G., Nettuno A., *Il gruppo nelle dipendenze patologiche*, Franco Angeli, Milano 2007, pp. 200-201.

della figura genitoriale. Tra i vari psicologi che si indirizzarono su tali tematiche, si evidenziò ancora una volta l'apporto di John Bowlby, il quale attestò che: «*La propensione ad esperire l'angoscia per la separazione e il dolore per la perdita sono i risultati ineluttabili di una relazione d'amore, del fatto di voler bene a qualcuno*[28]». Secondo John, infatti, sia la separazione che il lutto di un genitore, scaturivano al bambino sentimenti d'angoscia e di rabbia causati dall'assenza appunto della FdA. La predetta concezione dell'angoscia, secondo Bowlby, caratterizzante il bambino ostacolato da tali problematiche, venne ribadita dallo studioso Jeremy Holmes, il quale affermò che:

«*Bowlby vede la reazione di lutto come un caso particolare di angoscia da separazione, considerando il fatto che la perdita è una forma irreversibile di separazione. Egli crede che la risposta psicologica al trauma della separazione sia programmata dialogicamente nello stesso modo in cui la risposta infiammatoria è una conseguenza ordinata delle risposte fisiologiche al trauma fisico [...] le prime fasi del lutto consistono di una forma intensa di angoscia da separazione. Le fasi finali sono il risultato della confusione e della pena che insorgono dal rendersi*

---

28 Bowlby, *Attachment and Loss...op. cit.*, p. 56.

conto che la base sicura [...] è la stessa persona che non è più disponibile[29]».

Riguardo invece alla tematica dell'adozione, oltre ai già nominati Bowlby e Ainsworth, altri apporti sono stati dati per lo sviluppo delle indagini su tale realtà ; trai vari contributi è possibile sottolineare quello di Franco Venturella, dirigente dell'ufficio scolastico territoriale di Vicenza, il quale, a tal proposito, ha affermato che :«*La presenza di bambini adottati è una realtà ormai diffusa e consolidata nelle nostre scuole e nella comunità sociale. Ma la modalità di ogni inserimento presenta caratteristiche specifiche e non è esente da problemi e difficoltà. Infatti non è facile per soggetti che ne sono stati privi, recuperare il significato della famiglia e della relazione affettiva [...] esso si sviluppa secondo fasi e tempi che non sono quelli previsti dai manuali, e matura in rapporto alla percezione di sé nell'incontro con l'altro e con gli altri*[30]».

Da tale contributo, quindi, si evince come il bambino adottato esprima gli stessi sentimenti angoscianti, caratterizzanti il bimbo incappato nella perdita o separazione di un genitore. Molto

---

29 Holmes, *John Bowlby...op. cit.*, p. 95.

30 Cazzola C., Barbiero A., Ferretto P., *Il bambino straniero adottato e il diritto di apprendere*, Editrice Veneta, Vicenza 2011, p. 13.

importante, di conseguenza, è il ruolo svolto dalla famiglia dell'adottato, la quale ha il compito e dovere di cercare in tutti i modi di far sentire al bambino il calore umano di cui ha bisogno, ovvero tutte le premure che gli necessitano affinché smaltisca quel sentimento negativo che lo opprime sin dall'inizio del distacco con le sue Fda[31].

31 Scabini E., Donati P., *Famiglia e adozione internazionale: esperienze normativa e servizi*, Vita e Pensiero, Milano 1996, pp. 9-10.

CAPITOLO 2

L'ATTACCAMENTO E L'ADOLESCENZA: Differenze concettuali tra i vari paesi.

2.1 GLI STUDI DELLA MEAD REALIZZATI IN SAMOA.

Negli anni '20 molteplici studi sull'adolescenza furono portati avanti: nel 1928 Margaret Mead scrisse *Coming age in Samoa*, un testo in bilico tra l'antropologia culturale e la psicologia. Analizzando l'adolescenza nell'isola di Taw, nell'arcipelago di Samoa, giunse a conclusioni opposte rispetto al positivismo e al biologismo imperante negli stessi anni in Europa: in effetti i tradizionali conflitti che vengono ritenuti tipici del periodo adolescenziale, furono per la Mead il frutto di una particolare cultura, nella fattispecie quella occidentale del periodo dell'industrializzazione e del capitalismo e non una necessaria conseguenza dello sviluppo biologico[32]. È attraverso le organizzazioni culturali ed i contesti che è possibile individuare e spiegare le dinamiche dello sviluppo umano. Anche l'accesso all'indipendenza cognitiva e comportamentale attribuita dalla nostra tradizione all'adolescente fu riferita al nostro specifico modello culturale. Nell'osservazione delle comunità di Samoa la Mead ebbe modo di notare le differenze tra quegli adolescenti e il mondo omologo occidentale affermando che:

«la nostra cultura è avvezza a nascondere ai giovani quegli eventi del ciclo di vita che considera più traumatici: la morte, il menarca, la masturbazione[33]».

Al contrario, i fanciulli osservati dall'antropologa partecipavano a tutti gli eventi della loro comunità, che venivano vissuti come assolutamente naturali. Si trattava di un modello di società non repressivo, contrastante con

---

32 Mead M., *Coming of age in Samoa*, Penguin Books, London 1928, trad. it., Borghi L., Sarfatti L. (a cura di), *L'adolescente in una società primitiva: adolescenza in Samoa*, Editrice Universitaria, Firenze 1954, pp. 26-28.

33 *Ibidem*, p. 34.

---

quello che andava sviluppandosi in Europa nello stesso periodo teso, al contrario, al controllo e all'indirizzamento della gioventù. La società non reprimeva forme di comportamento che in Occidente venivano considerate pericolose. Lo sviluppo e il passaggio dall'infanzia alla vita adulta avveniva, dunque, in modo fluido, senza crisi particolari, senza l'emergere di conflitti o nevrosi. Il gioco tendeva a trasformarsi naturalmente con la crescita, in lavoro e responsabilità, senza cesure traumatiche[34]. In Occidente sembrava che il passaggio alla vita adulta si verificasse repentinamente e senza il tempo necessario ad acquisire quelle competenze richieste dalla maturità: spesso gli adolescenti passavano bruscamente dalla condizione di figli a quella di padri senza avere nessuna esperienza al riguardo. La Mead notò che le ragazze di Samoa da subito accudivano le sorelle minori, apprendendo il ruolo di madre e sperimentando, allo stesso tempo, quello di figlie soggette all'obbedienza verso i genitori. Potremmo dire che questa comunità non conosceva l'adolescenza come costrutto culturale. Probabilmente più una società è complessa,

34 *Ibidem*, pp. 34-36.

maggiore sarà la conflittualità di questa età; poiché le società fortemente complesse e stratificate coinvolgono il giovane in cambiamenti bruschi e inaspettati, nell'ambito del quale il soggetto si trova a dover scegliere fra variegate opzioni. Inoltre, secondo la Mead in Occidente il protrarsi del periodo di scolarizzazione provocava mutamenti nella relazione dell'adolescente con le figure parentali, una maggiore dipendenza economica che ne frenava l'autonomia. Gli studi della Mead esprimevano in prima istanza una differenza culturale tra Europa e Stati Uniti: nel vecchio continente, in effetti, la teoria che intendeva l'adolescenza come fase naturale e universale dello sviluppo fu prevalente fino agli anni '50 circa; negli Stati Uniti, al contrario, oltre alle teorie della Mead altri antropologi ed etnologi contribuirono a sottolineare le diverse caratteristiche dello sviluppo umano in relazione ai contesti, affermando, per l'appunto, che in taluni tipi di società l'adolescenza non esisteva e smentendo anche le varie teorie della crisi[35]. Pensiamo agli studi quantitativi di Brooks sullo

---

35 Marcus G., Fischer M., *Anthropology as cultural critique*, The University of Chicago, Cambridge 1986, trad. it., Capelli L., Della Lena M. (a cura di), *Antropologia come critica culturale*, Meltemi, Roma 1998, pp. 239-240.

sviluppo delle funzioni psichiche, che secondo l'autore avveniva gradualmente e senza presentare crisi o conflitti. Tutto ciò che pertiene la conflittualità è da attribuirsi alla maniera in cui le società occidentali si pongono nei confronti dei giovani. Sarebbe, dunque, il contesto a generare il conflitto. Tuttavia, va detto che l'eden descritto dalla Mead, rappresentato da una comunità senza conflitti, fu criticato da molti studiosi, sia in ambito antropologico che psicologico, i quali sostenevano che anche nel mondo occidentale l'adolescenza non era sempre vissuta in maniera burrascosa, sottolineando la necessità di analizzare le differenze di *background* anche all'interno della medesima cultura, come quella occidentale.

2.2 L'ADOLESCENTE ALL'INTERNO DI SOCIETÀ FORTEMENTE DIFFERENZIATE: Le analisi di James Samuel Coleman.

La riflessione sulla gioventù americana della seconda metà del Novecento, induce James Samuel Coleman, impegnato nel campo della sociologia dell'educazione, a riflettere sulle difficoltà di apprendimento che un adolescente incontra all'interno di società altamente differenziate che presentano un percorso scolastico e formativo prolungato che tende, a sua volta, a sostituirsi alla famiglia; il contatto prolungato dell'adolescente col gruppo dei pari dà vita ad una vera e propria società separata, che si sviluppa all'interno della più estesa società entro la quale il giovane vive. Questa microsocietà viene sfruttata dall'industria dei teen-agers, sempre pronta a stimolare mode di consumo, dando vita così allo svilupparsi di una vera e propria subcultura giovanile, che lungi dall'essere autonoma, risulta in effetti veicolata e orientata dal mondo adulto[36]. Coleman, sulla scia

---

36 Coleman J.S., *Foundations of social theory*, Harvard University Press, Harvard 1990, trad. it, Ballarino G. (a cura di), *Fondamenti di teoria sociale*,

della teoria dei compiti di sviluppo di Havighurst, sostiene che tali compiti non si presentino all'adolescente contemporaneamente, ma secondo alcune scansioni temporali[37]: ad esempio, la socializzazione e l'allargamento dell'interazione sociale precede il distacco dalle figure

parentali, così come l'accettazione e la coscienza della propria corporeità precede l'avvicinamento al sesso. Inoltre, tale scansione temporale è diversa a seconda dei soggetti, sebbene alcuni compiti come quelli accennati, seguano una cronologia, per certi versi, obbligata. I compiti di sviluppo recano naturalmente una certa dose di stress, per fronteggiare la quale l'adolescente deve metter in atto una serie di strategie emotive, o cognitive, definite di *coping* (fronteggiamento). Tali strategie possono rivelarsi più o meno adattive: le strategie di tipo emozionale possono consistere nella negazione del problema, nella fuga in mondi fantastici e irreali o nell'espressione della rabbia verso ciò che risulta frustrante; le strategie cognitive si fondano,

Il Mulino, Bologna 2005, pp. 130-135.

37 Cfr. Coleman J.S., Jonassohn K., Johnstone J., *The adolescent society: the social life of the teenager and its impact on education*, Free Press, Glencoe 1961.

invece, sulla ricerca della soluzione al problema e, pertanto, sono caratterizzate dall'analisi della situazione, dalla richiesta di aiuto esterno, dall'acquisizione di informazioni. In effetti, ciascun soggetto matura un personale stile di *coping* , in relazione alle proprie caratteristiche, alle esperienze pregresse, ai *feedback* positivi o negativi, e al grado di aiuto che il contesto di vita gli fornisce. La scelta rispetto alle diverse modalità di *coping* dipende sia dal grado di sicurezza e stima di sé del soggetto, che dai contesti all'interno dei quali questi opera ed entro i quali può o meno prevedere il raggiungimento dell'obiettivo[38].

38 Postic M., *La relation éducative*, Presses Universitaires de France, Paris 1979, trad. it., Sassone A. (a cura di), *La relazione educativa*, Armando, Roma 1983, pp. 58-59.

BIBLIOGRAFIA ESSENZIALE

Ausubel D. P., *Ego Development and the Personality Disorders: A Developmental Approach to Psychopathology*, Grune & Stratton, Orlando 1952.

Ausubel D. P., *Ego. Development and Psychopathology*, Transaction Publishers, New Brunswick 1996.

Ausubel D., *The Fern and the Tiki An American View of New Zealand National Character, Social Attitudes and Race Relations*, Angus & Robertson, Sydney 1960.

Bettelheim B., *A good enough parent*, Knopf, New York 1987, trad. it., Bottini A. (a cura di), *Un genitore quasi perfetto*, Feltrinelli, Milano 1987.

Borgna E., *Come se finisse il mondo. Il senso dell'esperienza schizofrenica*, Feltrinelli, Milano 1995.

Bowlby J., *Attachment and Losss. Vol. 3: Loss: Sadness and Depression*, Hogarth, London 1980, trad. it., Sborgi C. (a cura di), *La perdita della madre*, Bollati Boringhieri, Torino 1999.

Busciolano S., Degiorgis L., Galli. D., *Garavini G.M., Paternità e padri. Tra regole e affetti*, Franco Angeli, Milano 2013.

Campione G., Nettuno A., *Il gruppo nelle dipendenze patologiche*, Franco Angeli, Milano 2007.

Cazzola C., Barbiero A., Ferretto P., *Il bambino straniero adottato e il diritto di apprendere*, Editrice Veneta, Vicenza 2011.

Coleman J.S., *Foundations of social theory*, Harvard University Press, Harvard 1990, trad. it, Ballarino G. (a cura di), *Fondamenti di teoria sociale*, Il Mulino, Bologna 2005.

Coleman J.S., Jonassohn K., Johnstone J., *The adolescent society: the social life of the teenager and its impact on education*, Free Press, Glencoe 1961.

Contessa G., *Attualità di Kurt Lewin*, Città Studi Edizioni, Torino 1998.

Crittenden P. M., *Il modello dinamico-maturativo dell'attaccamento*, Raffaello Cortina, Milano 2008.

Crocetti G., *Il girasole e l'ombra. Intimità e solitudine del bambino nella cultura del clamore*, Pendragon, Bologna 2004.

D'Abbiero M., *Per una teoria del soggetto*, Guida Editori, Napoli 1984.

Fabbroni B., *Tra le braccia di Narciso*, Edizioni Universitarie Romane, Roma 2007.

Favretto A. R., Bernardini C., *Mi presti la tua famiglia? Per una cultura dell'affidamento eterofamiliare per minori*, Franco Angeli, Milano 2010.

Holmes J., *John Bowlby and Attachment Theory*, Routledge, London 1993, trad. it., Federici S., Nebbiosi G. (a cura di), *La Teoria dell'attaccamento. John Bowlby e la sua scuola*, Raffaello Cortina, Milano 1994.

Jervis G., *Il buon rieducatore. Scritti sugli usi della psichiatria e della psicanalisi*, Feltrinelli, Milano 1977.

Klein J., *Our need for others and its roots in infancy*, Routledge, London 1987, trad. it., Chiari C. (a cura di), *Il nostro bisogno degli altri*, Armando, Roma 1998.

Lazzari D., *Mente e salute, evidenze, ricerche e modelli per l'integrazione*, Franco Angeli, Milano 2007.

Lewin K., *Feldtheorie in den Sozialwissenschaften*, Hans Huber, Bern 1963, trad. it., Trombetta C., Rosiello L. (a cura di), *La ricerca-azione. Il modello di Kurt Lewin e le sue applicazioni*, Erickson, Trento 2000.

Lyons-Ruth K., *Il trauma latente nel dialogo relazionale dell'infanzia*, Borla, Roma 2012.

Marcus G., Fischer M., *Anthropology as cultural critique*, The University of Chicago, Cambridge 1986, trad. it., Capelli L., Della Lena M. (a cura di), *Antropologia come critica culturale*, Meltemi, Roma 1998.

Mead M., *Coming of age in Samoa*, Penguin Books, London 1928, trad. it., Borghi L., Sarfatti L. (a cura di), *L'adolescente in una società primitiva: adolescenza in Samoa*, Editrice Universitaria, Firenze 1954.

Mininni G., *Fondamenti della significazione,* Dedalo, Bari 1977.

Montinari G., *Rifornimento in volo. Il lavoro psicologico con gli adolescenti*, Franco Angeli, Milano 2006.

Pallini S., *Psicologia dell'attaccamento. Processi interpersonali e valenze educativ*e, Franco Angeli, Milano 2008.

Politzer G., *Critique des fondements de la psychologie*, Presses Universitaires de France, Paris 2003.

Postic M., *La relation éducative*, Presses Universitaires de France, Paris 1979, trad. it., Sassone A. (a cura di), *La relazione educativa*, Armando, Roma 1983.

Scabini E., Donati P., *Famiglia e adozione internazionale: esperienze normativa e servizi*, Vita e Pensiero, Milano 1996.

Solomon J., George C., *L'attaccamento disorganizzato. Gli effetti dei traumi e delle separazioni*, Il Mulino, Bologna 2007.

Vygotskij L. S., Cole M., Scribner S., John-Steiner V., Souberman E., *Mind in society. The development of Higher Psychological Processes*, Harvard University Press, Harvard 1978, trad. it., Ranchetti C. (a cura di), *Il processo cognitivo*, Bollati Boringhieri, Torino 1980.

Wallin D. J., *Psicoterapia e teoria dell'attaccamento*, Il Mulino, Bologna 2009.

Wardetzki B., *Souverän und Selbstbewusst der gelassene Umgang mit Selbstzweifeln*, Munchen, Kosel 2014, trad. it., Bove I. (a cura di), *Pronto soccorso per insicuri cronici. Superare le paure inutili. Trovare il coraggio di agire*, Feltrinelli, Milano 2016.

INDICE

INTRODUZIONE
9

CAPITOLO 1: PSICOLOGIA E
PSICOPATOLOGIA NELL'ATTACCAMENTO

1.1 L'APPORTO DELLA PSICOLOGIA E
DELLA PSICOANALISI NELLO STUDIO
DELL'ATTACCAMENTO ADOLESCENZIALE
12

1.2 LA PSICOPATOLOGIA NEL PERIODO
ADOLESCENZIALE   37

1.3 GLI SCOGLI DELL'ATTACCAMENTO: Adozione, lutto e separazione   45

CAPITOLO 2: L'ATTACCAMENTO NELL'ADOLESCENZA: Differenze concettuali tra vari paesi.

2.1 GLI STUDI DELLA MEAD REALIZZATI IN SAMOA   49

2.2 L'ADOLESCENTE ALL'INTERNO DI SOCIETÀ FORTEMENTE DIFFERENZIATE: Le analisi di James Samuel Coleman   54

BIBLIOGRAFIA ESSENZIALE   57

Finito di stampare nel mese di marzo 2018
presso Lulupress.

www.ingramcontent.com/pod-product-compliance
Lightning Source LLC
Chambersburg PA
CBHW070322290526
45791CB00003B/1225